AF590313

# EDICT DU ROY PORTANT CREATION

en heredité en chacune Election de ce Royaume, de trois Receueurs Collecteurs des droicts alienez sur les Tailles, Taillon, Solde des Preuosts des Mareschaux, Creuës des garnisons & autres Creuës & leuées des deniers tant ordinaires qu'extrordinaires. Auec attribution ausdits Receueurs d'vn denier pour liure à prendre sur toutes les sommes contenuës aux Rolles des Tailles. Et six deniers pour liure sur ce que monteront les droicts desdits Proprietaires.

*Verifié en la Cour des Aydes le dernier iour de Decembre 1629.*

A PARIS,
Par ANTOINE ESTIENE, P. METTAYER & C. PREVOST, Imprimeurs ordinaires du Roy.

M. DC. XXX.

*Auec Priuilege de sa Majesté.*

LOVIS par la grace de Dieu Roy de France & de Nauarre, A tous presens & aduenir, Salut. Les troubles & diuers mouuemens arriuez en cét Estat depuis plusieurs années par la rebellion d'aucuns de nos Subjets, nous ayant obligé à de grandes despenses pour l'entretenement des armées que nous auons à diuers temps mis sur pied par mer & par terre, afin de les ranger à leur deuoir & donner la paix à cét Estat, comme nous auons heureusement fait auec l'assistance de Dieu ces dernieres années; il nous a esté impossible de satisfaire de nostre reuenu ordinaire ausdittes despenses, & autres que nous auons esté contraints de faire pour maintenir nos Alliez, & nous opposer aux mauuais desseins des ennemis de cette Couronne, ayans esté obligez de nous seruir de moyens extraordinaires, entre autres de faire plusieurs alienations de droicts hereditaires sur les deniers de nos Tailles, Taillon & Creuë des Garnisons : la pluspart desquels droicts nous auons mieux aimé distraire de ce qui nous reuenoit desdittes Tailles, Taillon & Creuës, que d'en surcharger nosdits Subjets assez trauaillez d'ailleurs (à nostre grand regret) Tellement que par le moyen desdites alienations faittes en la forme ordinaire en vertu de nos Edicts deuëment verifiez, & dont les Contracts ont esté passez par les Commissaires que nous auons à cette fin deputez, il se trouue à present en chacune Election des Generalitez de ce Royaume, iusques au nombre de dix-neuf acquereurs proprietaires desdits droicts : Sçauoir deux Commissaires des Tailles, auec attribution d'vn sol pour liure chacun à prendre sur lesdittes Tailles & autres leuées de deniers : vn Garde-seel qui iouït de quatre deniers pour liure : les acquereurs du doublement d'iceluy, qui iouïssent de pareils droicts de quatre deniers : vn Greffier des Affirmations, de quatre deniers pour liure : vn Greffier & Maistre Clerc ancien en chacune Election, de six deniers pour liure : deux autres Greffiers alternatif & triennal & leurs Maistres Clercs, de cinq deniers chacun : deux Commissaires des viures, de trois deniers chacun : trois Greffiers des roolles des Tailles des Paroisses & trois Maistres Clercs, de douze deniers aussi pour liure. A chacun desquels proprietaires & acquereurs les Collecteurs des Tailles estans tenus de payer les deniers de leurs droicts, outre ceux qu'ils payent aux Receueurs de nos Tailles & Taillon pour leurs taxations & droicts attribuez aux Eleus, ils se trouuent grandement trauaillez tant à fournir lesdits deniers à diuerses personnes, que par les frais des contraintes qui sont executées contre eux à la requeste desdits proprietaires : de sorte qu'ils se trouuent continuellement occupez à ladite collecte & distribution des deniers prouenans desdits droicts, ce qui les contraint d'abandonner leur labourage, trafic & commerce au grand preiudice de leurs familles, & oblige la pluspart de ceux qui sont nommez pour Collecteurs, de s'absenter ou de payer de grãdes sommes à aucuns particuliers pour faire leurs charges. D'ailleurs que les Asseeurs des Paroisses (la pluspart desquels sont chargez & respõsables de la confection des roolles desdittes Tailles) n'estans pour l'ordinaire personnes capables, pour ne sçauoir lire ny écrire, ne font l'assiette & imposition desdits droicts ainsi qu'il leur est mandé par nos Cõmissaires desdites Tailles, ladite imposition estant trop foible pour les vns & trop forte pour les autres à la foule & oppression des habitans des Paroisses : pour raison dequoy il naist souuent plusieurs proces & differens entre eux & lesdits Collecteurs, ausquels lesdits droicts sont demandez par lesdits proprietaires: dequoy ayant receu plusieurs plaintes, nous nous trouuasmes obligez pour le bien de nos Subjets, d'ordonner par Arrest de nostre Conseil du iour d mil six cens que tous les acquereurs desdits droicts conuiendroient entre eux, d'vn homme qui receuroit des mains desdits Collecteurs des Paroisses ce qui appartiendroit à chacun d'eux du reuenu annuel du droict dont il seroit acquereur, pour soulager lesdits Collecteurs des indeües vexations qu'ils souffroient par la multiplicité des personnes & lieux ausquels ils portoient les deniers desdits droicts. A quoy n'ayant iusques icy esté satisfait par les proprietaires desdits droicts, & les plaintes desdits Collecteurs continuans, nous auons resolu d'y pouruoir par vn bon ordre pour l'aduenir, tant pour le soulagement desdits Collecteurs, que pour la seureté des droicts desdits proprietaires, lesquels nous voulons & entendons estre maintenus & conseruez en la iouïssance de leursdits Offices & droicts sans aucune diminution, & qu'ils qu'ils n'en ſoient depoſſedez qu'en les rembourſant en vn ſeul & actuel payement de la finance qu'ils auront payée, & de leurs frais & loyaux couſts, ainſi qu'il eſt porté par les Edicts de leur creation & Contracts de ventes deſdits Offices & Droicts: SçAVOIR FAISONS, qu'apres auoir fait mettre cette affaire en deliberation en noſtre Conſeil où eſtoient la Royne noſtre tres-honorée Dame & Mere, aucuns Princes de noſtre ſang & autres Princes & plusieurs grāds & notables perſonnages de noſtredit Conſeil, DE l'aduis d'iceluy, & de noſtre certaine ſcience, pleine puiſſance & autorité Royale, auons par cettuy noſtre preſent Edict perpetuel & irreuocable, creé, erigé & eſtably, creons, erigeons & eſtabliſſons en tiltres d'Offices formez & hereditaires en chacune Election de ce Royaume du reſſort de nos Cours des Aydes de Paris, Roüen & Montferrād, Trois Receueurs Collecteurs ancien, alternatif & triennal, desdits droicts cy-dessus specifiez, qui ont esté alienez & qui le seront cy-apres sur nos Tailles, Taillon & solde des Preuosts de nos bien amez Cousins les Mareschaux de Frāce, Creuës des garnisons & autres Creuës & leuées de deniers tant ordinaires qu'extrordinaires. Lesquels Receueurs Collecteurs feront d'oresnanant chacun en l'année de leur exercice, qui se fera triennalement & successiuement l'vn apres l'autre, à commencer du premier iour de Ianuier prochain ; la recepte desdits droicts alienez sur nosdittes Tailles, Taillon & Creuës, cy-dessus specifiez, des Collecteurs desdittes Tailles des Paroisses de l'Election où ils seront establis, & suiuant les assietes & departemens desdits droicts qui seront faits par chacun an par les Officiers desdittes Elections, sans qu'autres que lesdits Receueurs Collecteurs se puissent entremettre à present ny à l'aduenir à faire laditte recepte en quelque sorte & maniere que ce soit. Lesquels droicts lesdits Collecteurs de nos Tailles seront tenus payer ausdits Officiers presentement creés, comme & par les mesmes voyes, qu'ils payent les deniers de nos Tailles; à condition aussi que lesdits Receueurs Collecteurs presentement creés ou leurs Commis, payeront les droicts à chacun desdits acquereurs ou ceux qui auront charge & pouuoir d'eux, de quartier en quartier, & six semaines apres chacun écheu, à peine d'estre lesdits Receueurs Collecteurs qui exerceront lesdittes charges, en personne ou leurs Commis, contraints au payemét desdits droicts trois iours apres le commandement qui leur en sera fait, par les mesmes voyes accoustumées pour nos deniers & affaires, sur les certifications desdits acquereurs ou ayants charge d'eux pour la recepte de leurs droicts. Desquels Commis iceux Receueurs Collecteurs demeureront responsables, sans toutefois que lesdits Receueurs Collecteurs non residans actuellement és lieux où seront establies lesdittes charges, puissent estre contraints par corps à cause de l'exercice de leursdits Commis, ains seulement par saisie & vente de leursdits Offices, & de leurs biens meubles & immeubles. Moyennant lequel payement lesdits Receueurs Collecteurs presentement creés, demeurerõt bien & valablement déchargez de leur maniement; duquel ils ne seront tenus rendre aucuns comptes en nos Chambres des Comptes ny ailleurs; dont en tant que besoin est ou seroit, nous les auons par exprés déchargez & déchargeons. Ne seront aussi lesdits Receueurs & Collecteurs presentement creez, ny les Commis qu'ils nommeront pour l'exercice desdittes charges, desquels, comme dit est, ils demeureront responsables; tenus de se faire receuoir ny prester aucuns sermens ailleurs que pardeuant les Officiers desdittes Elections où ils seront establis; pour raison dequoy ils prendront seulement pour leurs espices & pour le droict du Greffier, la somme de vingt liures, faisant defenses ausdits Officiers de prendre plus grande somme, à peine de concussion. ET afin que lesdits Receueurs Collecteurs puissent plus soigneusement faire la fonction de leurs charges au contentement desdits proprietaires, nous auons attribué & attribuons à chacun d'eux tant en exercice que hors d'iceluy, vn denier pour liure, qui seront trois deniers pour liure pour lesdits trois Receueurs Collecteurs, à prendre sur toutes les leuées de deniers qui s'imposeront sur nos Subjets des Paroisses des Elections où ils seront establis, tant pour le principal de la Taille, Taillon, Creuës des garnisons, autres Creuës & Impositions extrordinaires qui se feront tant pour nos affaires que pour les Villes, Communautez, particuliers, & mesmes sur les deniers desdits droicts alienez, & generalement sur toutes les sommes contenuës au roolle desdites Tailles, non compris lesdits trois deniers qui en feront le dernier article : Lesquels trois deniers nous ordonnons aux Treſoriers de France de chaçune Generalité, de faire d'oreſnauant impoſer par chacun an par les Eleus & Officiers des Elections de leurs Generalitez, à commencer du premier iour de Ianuier prochain; à peine d'en reſpondre par leſdits Treſoriers de France & Officiers deſdittes Elections, en leurs propres & priuez noms. Outre leſquels trois deniers, nous auons encore attribué auſdits Receueurs Collecteurs preſentement creés, chacun en l'année de leur exercice ſeulement, ſix deniers pour liure de ce que monteront leſdits droicts deſdits proprietaires; à prendre ſur leſdits proprietaires, leſquels ſix deniers ils retiendront par leurs mains. Et afin que leſdits acquereurs ſoient ſuffiſamment informez de ce que monteront leurs droicts par chacun an, pour s'en faire payer aux termes ſuſdits, nous voulons qu'auparauant la fin du premier quartier de chacune année, leſdits Receueurs Collecteurs preſentement creés, chacun en l'année de leur exercice, ſoient tenus de fournir à leurs deſpens à chacun deſdits proprietaires, vn eſtat par eux certifié & ſigné, contenant les ſommes qui auront eſté impoſées pour leurſdits droicts, à peine d'eſtre décheus de leurſdittes taxations de ſix deniers pour liure, pendant le temps qu'ils ſeront en demeure de fournir ledit eſtat: ſur lequel iceux proprietaires pourront, à faute de payement de leurs droicts, expedier & deliurer leur contrainte contre leſdits Receueurs Collecteurs preſentement creez, ainſi qu'il eſt dit cy-deſſus. Et dautant que nous voulons pouruoir autant qu'il nous eſt poſſible à la ſeureté des droicts deſdits

acque-

acquereurs & proprietaires, nous voulons que les Offices de Receueurs Collecteurs desdits droicts, demeurent specialement affectez au maniement qu'ils feront en vertu du presẽt Edict, nonobstãt toutes autres debtes & hypotheques; moyennant quoy nous les déchargeõs de bailler aucune caution. A la vente & adiudication desquels trois Offices de Receueurs Collecteurs desdits droicts alienez sur nosdites Tailles, Taillon & Creuës, sera procedé par les Cõmissaires qui seront à ce par nous deputez, au plus offrant & dernier encherisseur, les formes en tel cas requises, gardées & obseruées sur les encheres, tiercemens & doublemens qui seront mis par dessus le prix principal qui sera constitué par lesdits Commissaires sur le reuenu desdits trois deniers pour liure qui leur font attribuez par le present Edict sur les deniers desdites Tailles, Taillon, Creuës & droicts alienez, & generalement sur tout ce qui sera contenu és rolles desdites Tailles de l'année prochaine 1630. lequel ne pourra estre diminüé pour quelque cause que ce soit, ny lesdits trois deniers pour liure retranchez, encore que nous déchargions cy-apres nos Subjets de ce qu'ils portent à present de nosdites Tailles & Creuës. VOVLONS que les deniers desdites adiudicatiõs soient payez par les acquereurs d'iceux, és mains de celuy de nos Officiers comptables que nous ordonnerons dans le temps qui sera prefix par lesdits Commissaires: & rapportant quittance du payement, les actes & contracts d'adiudication seront expediez & deliurez ausdits acquereurs: lesquels contracts nous auons validez & approuuez, validons & approuuons tout ainſi que s'ils auoient eſté faits en noſtredit Conſeil ; pour en vertu d'iceux les adiudicataires eſtre mis en poſſeſſion deſdits Offices, & en jouïr, eux, leurs hoirs, ſucceſſeurs & ayans cauſe, aux droicts ſuſdits, comme de leur propre choſe, vray & loyal acqueſt, ſans qu'ils puiſſent eſtre depoſſedez deſdits Offices, ny de partie & portion de la fonction & maniement de leurſdites charges, ſinon en les rembourſant comptant & à vn ſeul payement, des deniers qu'ils auront payez pour l'acquiſition deſdits Offices ; enſemble de leurs frais & loyaux couſts ; & ſans auſſi qu'il puiſſe eſtre procedé à la reuente deſdits Offices pendant dix années, à compter du premier iour de Ianuier 1630. PROMETTONS en bonne foy & parole de Roy auoir pour aggrea-

ble, tenir ferme & ſtable à touſiou[rs]
ce qui ſera fait & ordonné par leſdit[s]
Commiſſaires en vertu des preſentes.
SI DONNONS en mandement à no[s]
amez & feaux les gens tenans no[s]
Cours des Aydes à Paris, Roüen &
Montferrand, Preſidens & Treſorier[s]
generaux de France des Generalite[z]
qu'il appartiendra, que chacun en-
droit ſoy ils facent lire, publier & re-
giſtrer noſtre preſent Edict, & le contenu en iceluy garder & obſeruer, ſan[s]
permettre qu'il y ſoit contreuenu e[n]
quelque ſorte que ce ſoit, faiſant ceſ-
ſer tous troubles & empeſchemens au
contraire, nonobſtant tous Edicts,
Declarations, Reglemens, oppoſi-
tions ou appellations quelsconques;
deſquelles ſi aucunes interuiennent,
nous auons retenu & reſerué la cognoiſſance à nous & à noſtredit Conſeil, icelle interdite à toutes nos Cours

& Iuges : CAR tel eſt noſtre plaiſir. Et afin que ce ſoit choſe ferme & ſtable à toujours, nous auons fait mettre noſtre ſeel à ces preſentes, ſauf en autre choſe noſtre droict & l'autruy en toutes. DONNE' à Paris au mois de Decembre l'an de grace 1629. & de noſtre regne le vingtiéme. Signé, LOVIS : Et plus bas, Par le Roy : DE LOMENIE, à coſté, Viſa : & ſeellé du grand ſeau de cire verte en lacs de ſoye rouge & verte. Et encor eſt écrit :

*Leu, publié & regiſtré par le commandement du Roy porté par Monſieur le Comte de Soiſſons, aßiſté du Sieur Mareſchal de Baſſompierre & des Sieurs de Roiſſy & de Bullion Conſeillers és Conſeils d'Eſtat de ſa Maieſté, Oüy & ce conſentant le Procureur General, à Paris en la Cour des Aydes le trente-vniéme & dernier iour de Decembre l'an mil ſix cens vingt neuf.*

Signé, DE LAISTRE.

# COMMISSION DV ROY,

*portant pouuoir à Messieurs les Commissaires y denommez, de proceder à la vente & establissement en heredité des Offices de Receueurs Collecteurs des droicts hereditaires alienez sur les Tailles; creez par Edict du mois de Decembre 1619. & verifié en la Cour des Aydes le dernier dudit mois audit an.*

OVIS par la grace de Dieu Roy de France & de Nauarre, A nos amez & feaux le sieur de Cheury Conseiller en nostre Conseil d'Estat, Intendant & Controlleur General de nos Finances, le sieur de Maupeou aussi Conseiller en nostre dit Conseil d'Estat, & President en nostre Cour des Aydes à Paris, & les sieurs Foucaut, Berthelemy, Hebert, Lormier, Quatrhommes, Gourreau, de Bragelonne, Fauereau, de Nets

& Brissonnet, Conseillers en nostre-ditte Cour des Aydes, & De Marle nostre Procureur General en icelle, & de quatre de vous en l'absence ou legitime empeschement des autres, SALVT. Par nostre Edict du mois de Decembre mil six cens vingt-neuf, verifié où besoin a esté, nous auons pour les considerations y contenuës creé en chacune Election de ce Royaume du ressort de nos Cours des Aydes de Paris, Roüen, & Montferrand, trois Offices de Receueurs Collecteurs hereditaires, ancien, alternatif, & triennal, sur nos Tailles, Taillon, & Creuë des garnisons, & attribué aux Commissaires des Tailles, Garde Seel, doublement d'iceluy, Greffier des Affirmations, Greffiers & Maistres Clercs des Elections tant anciens, alternatifs, que triennaux, Commissaires des viures, Greffiers & Maistres Clercs des roolles des Tailles des Paroisses, & autres droicts qui se leueront cy-apres sur nos Tailles, Taillon, & solde des Preuosts de nos bien amez cousins les Mareschaux de France, Creuë des garnisons, & autres Creuës & leuées de deniers tant ordinaires qu'extraordinaires, pour receuoir lesdits droicts alienez par les mains des Collecteurs des Tailles des Paroisses de l'Election où ils seront establis, suiuant les assiettes & departemens qui en seront faits par chacun an par les Officiers desdites Elections, auec pouuoir ausdits Receueurs, au defaut de paiemẽt desdits droicts de faire contraindre iceux Collecteurs par les voyes accoustumées pour nos propres deniers & affaires, à la charge que lesdits Receueurs Collecteurs ou leurs Commis, payeront de quartier en quartier, & six sepmaines apres chacun écheu, lesdits droicts alienez à chacun des Acquereurs d'iceux, ou à ceux qui auront charge & pouuoir d'eux, à peine d'estre lesdits Receueurs Collecteurs ou leurs Commis qui exerceront lesdites charges, contraints au payemẽt desdits droicts, trois iours apres le cõmandement qui leur en sera fait, par les mesmes voyes que dessus; sans que lesdits Receueurs Collecteurs soient tenus rendre aucun compte des deniers de leur recepte en nos Chambres ny ailleurs, ny se faire receuoir ny prester aucun serment: Ensemble les Commis qu'ils nommeront pour faire l'exercice desdites charges,

(dont

dont ils demeureront responsables, ailleurs que pardeuant les Officiers des Elections où ils seront establis : pour raison duquel serment & reception, ils ne seront tenus payer pour les espices desdits Offices & le droict du Greffier, que la somme de vingt liures seulement ; auec defenses ausdits Officiers de prendre plus grande somme, à peine de concussion. Ausquels Offices de Receueurs Collecteurs nous auons par ledit Edict, attribué à chacun d'eux tant en exercice que hors iceluy, vn denier pour liure; qui seront trois deniers pour liure, lesquels ne pourront estre retranchez, encores que nous déchargions cy-apres nos Subjets de ce qu'ils portent à present de nosdittes Tailles & Creuës, à prendre sur toutes les leuées de deniers qui s'imposeront sur nosdits Subjets des Paroisses des Elections où ils seront establis, tant pour le principal de la Taille, Taillon, Creuë des garnisons, qu'autres Creuës & impositions extrordinaires qui se feront tant pour nos affaires que pour les Villes, Communautez & particuliers, & mesmes sur les deniers desdits droicts alienez, & generalement sur toutes les ſommes contenuës aux roolles deſdites Tailles, non compris leſdits trois deniers à commencer du premier iour du preſent mois de Ianuier. Et outre leſdits trois deniers, nous auons encores par ledit Edict attribué auſdits Receueurs Collecteurs, chacun en l'année de leur exercice ſeulement, ſix deniers pour liure de ce à quoy monteront les droicts des proprietaires des alienations ſuſdites, à prẽdre ſur iceux proprietaires; & leſquels ſix deniers ils retiendront par leurs mains, à la charge de fournir par leſdits Receueurs Collecteurs chacũ en l'ãnée de leur exercice, & à la fin du premier quartier d'icelles à leurs frais & deſpens, à chacun deſdits proprietaires vn eſtat par eux certifié & ſigné, contenant les ſommes qui auront eſté impoſées pour leurſdits droicts, à peine d'eſtre décheus de leurs taxations deſdits ſix deniers pour liure, pendant le temps qu'ils ſeront en demeure de fournir ledit eſtat. Et pour ſeureté des Acquereurs & Proprietaires deſdits droicts, voulons par le meſme Edict que leſdits Offices de Receueurs Collecteurs demeurent ſpecialement affectez au maniement que les Acquereurs d'iceux feront desdits droicts alienez, nonobstant toutes autres debtes & hypoteques. Et estant besoin pour l'execution de nostredit Edict, de commettre personnes dont l'experience, capacité & affection à nostre seruice nous soit cogneuë, afin de tirer promptement le secours des deniers qui doiuent prouenir de la vente desdits Offices: A CES CAVSES vous auons cõmis & deputez, commettons & deputons par ces presentes, auec pouuoir de subdeleguer, pour en nostre nom & en vertu dudit Edict, proceder en la Sale du Conuent des Augustins de ceste ville de Paris, aux iours & heures que vous trouuerez plus commodes, à la vente & adiudication desdits Offices de Receueurs Collecteurs desdits droicts alienez, auec les attributions susdites, au plus offrant & dernier encherisseur par dessus le prix principal qui sera par vous reglé sur le reuenu desdits trois deniers pour liure à eux attribuez par ledit Edict: lequel pied ne pourra estre diminué pour quelque cause que ce soit, par simples encheres, tiercements & doublements, les formes en tel cas requises, gardées & obseruées; auec clause expresse qu'il ne ſera procedé à la reuente deſdits Offices durant dix années, à compter du premier iour du preſent mois de Ianuier. Pour eſtre les deniers qui prouiẽdront de la vente deſdits offices, payez és mains de noſtre amé & feal Conſeiller & Treſorier de nos Parties Caſuelles, Maiſtre Arnoul de Nouueau, ou du Porteur de ſes Quittances, ſur leſquelles ſeront par vous expediées aux acquereurs les Contracts des adiudications d'iceux offices. Diſpenſons & déchargeons par ces preſentes vos ſubdeleguez de faire enregiſtrer leurs ſubdelegations és Bureaux des Treſoriers de France & Generaux de nos Finances, auſquels nous en auons interdit & defendu, interdiſons & defendons la cognoiſſance. Et à faute de payer par les Adiudicataires le prix de leurs adiudications dans le tẽps qui leur ſera prefix, ſera par vous procedé à leurs folles encheres à la reuente de ce qui leur aura eſté adiugé: & ſeront tous les Adiudicataires contraints au payement des ſommes contenuës eſdittes adiudications par les voyes ordinaires & accouſtumées pour nos deniers & affaires. Voulons que vos Iugemens, Ordonnances, Contracts & Actes, soient de tel effect, force & vertu, que s'ils auoiẽt esté resolus & expediez en nostre Conseil, les ayant dés à present validez & authorisez, validons & authorisons par ces presentes, promettant en foy & parole de Roy auoir le tout pour agreable. Voulons aussi qu'en vertu d'iceux Contracts, les Acquereurs d'iceux offices soient mis en possession d'iceux par tous nos Officiers qu'il appartiendra, pour les tenir & posseder en heredité, & en iouïr, leurs hoirs, successeurs & ayans cause, aux droicts susdits comme de leur propre chose & loyal acquest, sans qu'ils en puissent estre depossedez, ny de partie & portion de leur fonction, sinon en les remboursant comptant & à vn seul payement, des deniers qu'ils auront payez pour l'acquisition desdits offices, ensemble de leurs frais & loyaux cousts, le tout suiuant & conformément audit Edict. Mesme que tout ce qui sera par vous fait & ordonné en vertu des presentes, soit executé nonobstant oppositions ou appellations quelconques. Et pour vous seruir de Greffier, nous auons commis nostre amé & feal Conseiller & Secretaire de nostre maison

& Couronne de France, Maistre Christophle Amelot, Greffier des Commissiõs Extrordinaires, ou ceux qui seront par luy subdeleguez pour faire la fonctiõ de ladite charge. Auquel & à vos subdeleguez, Huissiers, Sergens, & à toutes autres personnes qui seront employées à l'effect & execution des presentes, vous ferez taxe raisonnable pour leurs salaires & écritures, iournées & vacations, lesquelles leur seront payées par ledit sieur de Nouueau, ou autre Tresorier estant en charge, suiuant vos ordonnances qui leur seruiront pour ce regard de bonnes & valables décharges. De ce faire vous donnons pouuoir, commission & mandement special. Mandons à tous nos Officiers & Subjets, qu'à vous en ce faisant ils obeïssent, & à tous Huissiers & Sergens faire pour l'execution de nostredit Edict, des Presentes & de vos Ordonnances, toutes publications, exploicts & actes necessaires en tous lieux & endroits que besoin sera, sans demander congé ne pareatis, nonobstant oppositions ou appellations quelconques, desquelles si aucunes interuiennent nous auons reserué la cognoissance à nous & à nostre Conseil, icelle interditte & defenduë à tous autres Iuges. Et dautant que de ces presentes on pourra auoir affaire en plusieurs & diuers lieux, nous voulons qu'au vidimus d'icelles fait par l'vn de nos amez & feaux Conseillers & Secretaires, foy soit adioustée comme au present original. CAR tel est nostre plaisir, nonobstant aussi toutes Ordonnances, Restrinctions, Mandemens, Defenses & Lettres au cõtraire. DONNE' à Paris le vingt-sixiéme iour de Ianuier l'an de grace mil six cens trente, & de nostre regne le vingtiéme. Signé, LOVIS, & au desous, Par le Roy, DE LOMENIE, & seellées en simple queuë de cire iaune. Et à costé est écrit ce qui ensuit :

*Leuës & publiées en la Sale du Conuent des Augustins à Paris, lieu de l'Assemblée de Messieurs les Commissaires Generaux, de leur Ordonnance : & registrées au Greffe de ladite Commission generale par moy Conseiller du Roy, Controlleur General Prouincial des rentes en la Generalité de Soissons, & Greffier de Commissions Extrordinaires, le premie iour de Feurier mil six cens trente.*

Signé, AMELOT.

Collationné aux Originaux par mo Conseiller Secretaire du Roy.

www.ingramcontent.com/pod-product-compliance
Ingram Content Group UK Ltd.
Pitfield, Milton Keynes, MK11 3LW, UK
UKHW022140260726
13993UKWH00005B/2063